Arthur Thömmes
Rebecca Thömmes

Die schnelle Stunde

Kommunikationstraining

30 originelle Unterrichtsstunden ganz ohne Vorbereitung

Auer

Gedruckt auf umweltbewusst gefertigtem, chlorfrei gebleichtem und alterungsbeständigem Papier.

1. Auflage 2015
Nach den seit 2006 amtlich gültigen Regelungen der Rechtschreibung
© Auer Verlag
AAP Lehrerfachverlage GmbH, Donauwörth
Coverillustration: Julia Flasche
Illustrationen: Julia Flasche, Carmen Hochmann, Steffen Jähde, Barbara Schumann
Satz: Typographie & Computer, Krefeld
Druck und Bindung: Joh. Walch GmbH & Co. KG , Augsburg
ISBN 978-3-403-07664-3

www.auer-verlag.de

Inhaltsverzeichnis

Vorwort

Liebe Kolleginnen und Kollegen,

Sie kennen die Situationen, in denen Sie spontan und ohne große Vorbereitungszeit Unterrichtsstunden übernehmen müssen. Häufig müssen Sie dabei fachfremd und in unbekannten Klassen unterrichten.

Im vorliegenden Band in der Reihe „Die schnelle Stunde" werden Materialien und Stundenkonzepte für ein Kommunikationstraining vorgestellt, die keiner großen Vorbereitung bedürfen. Der Band ist besonders geeignet für Vertretungsstunden ohne großen Aufwand und ohne Vorbereitungszeit oder auch als Lückenfüller für Ihren eigenen Unterricht.

Das Kommunikationstraining ist *fächerübergreifend* einsetzbar und auf kein bestimmtes Unterrichtsfach bezogen. Es geht vor allem darum, die kommunikative Kompetenz der Schüler[1] durch Übungen und Spiele zu reflektieren und zu stärken. Ein positives und gutes Kommunikationsverhalten gehört zu den Schlüsselkompetenzen, das Miteinander-Reden muss daher immer wieder eingeübt werden.

Für eine Orientierung auf einen Blick sind alle Stunden nach dem gleichen Schema aufgebaut und enthalten Angaben zu Klassenstufe, Dauer, benötigtem Material, Lernzielen und zur Vorbereitung, stellen Varianten vor und geben Tipps. Die meisten Stunden enthalten ein zusätzliches Arbeitsblatt zum Kopieren. Die Einheiten sind auf eine Unterrichtsstunde angelegt, einige können aber auch erweitert werden.

Für eine Orientierung auf einen Blick wurden regelmäßig wiederkehrende Begriffe mit den folgenden Icons veranschaulicht:

Jahrgangsstufe

Vorbereitung

Dauer

Varianten

Material

Tipps

Lernziel

Wir wünschen Ihnen viel Freude und gute Unterrichtsstunden mit den vorgestellten Materialien.

Arthur Thömmes und Rebecca Thömmes

---

[1] Aufgrund der besseren Lesbarkeit ist in diesem Buch mit Schüler auch immer Schülerin gemeint, ebenso verhält es sich mit Lehrer und Lehrerin etc.

Übersichtstabelle zu allen schnellen Stunden

	Kl. 5	Kl. 6	Kl. 7	Kl. 8	Kl. 9	Kl. 10	kopieren	Material	evtl. Material	erweiterbar auf 90 min
Aktuelle Stunde			x	x	x	x			x	x
Anregende Sinnfragen			x	x	x	x	x	x		
Austauschbare Runde			x	x	x				x	x
Das Mimik- und Gestiklexikon		x	x	x	x			x		x
Emotionales Theater	x	x	x	x	x	x	x	x		x
Entscheide dich!				x	x	x	x	x		x
Falsche Wörter				x	x	x				
Fantasiesprache	x	x	x	x	x	x				
Fragerunde				x	x	x	x	x		x
Gefühlsteppich	x	x	x	x	x	x		x		x
Gemalte Redewendungen	x	x	x				x	x		
Gesprächsstörer – Gesprächsförderer	x	x	x	x	x	x	x	x		
Gesprächstheater				x	x	x	x	x		x
Hast du schon gehört?	x	x	x	x	x	x	x	x		
Ich biete und suche				x	x	x	x	x		
Klassengespräche	x	x	x	x	x	x	x	x		x
Kleine Gesten	x	x	x	x	x	x	x	x		
Knotenspiel	x	x	x	x	x	x				
Kommunikations-Tabu®				x	x	x	x	x		x
Netzwerk	x	x	x	x	x	x		x		x
Rücken an Rücken	x	x	x	x	x	x	x		x	
Schreibgespräch	x	x	x	x	x	x		x		
Sprachchaos	x	x	x	x	x	x	x	x		
Geflügelte Worte, Sprichwörter und Redewendungen deuten			x	x	x	x	x	x		
Tratschrunde	x	x	x	x	x	x				x
Träumer – Pessimist – Realist				x	x	x	x	x		x
Tür und Schlüssel			x	x	x	x	x	x		
Verkehrte Welt			x	x	x	x	x	x		
Vier Seiten einer Nachricht				x	x	x	x	x		x
Virtuelle Gespräche				x	x	x		x		

Aktuelle Stunde

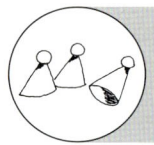
7.–10. Klasse

45–90 min

aktuelle Tages- bzw. Wochenzeitungen, Stifte, Scheren, evtl. Arbeitsblatt

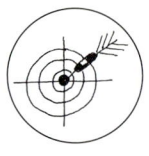
- über tagesaktuelle Themen ins Gespräch kommen
- die eigene Meinung / Ansichten vertreten

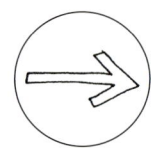
Überschriften und Artikel ausschneiden, evtl. Arbeitsblatt kopieren

Die Überschriften zu vier aktuellen Themen werden auf Tischen verteilt. Zunächst sammeln sich die Schüler in etwa gleich großen Gruppen um die Überschriften und tauschen ihre Informationen zum Thema aus. Die Schüler wechseln nach ca. fünf Minuten zum nächsten Thema usw. Dabei sollte darauf geachtet werden, dass sich auch die Gruppenzusammensetzung ändert. In der zweiten Phase werden die einzelnen Themen im Plenum aufgerufen und unter Einbeziehung persönlicher Wertungen kritisch diskutiert.

- Es werden kurze Artikel aus mehreren Zeitungen zu den einzelnen Themen ausgelegt.
- Es wird eine aktuelle Nachrichtensendung aus dem Radio oder Fernsehen (Internet) angehört. Anschließend werden die Informationen dazu ausgetauscht und diskutiert.
- Es werden keine Schlagzeilen vorgegeben, sondern verrückte Thesen, die die Teilnehmer diskutieren sollen (siehe Arbeitsblatt).

- Eine solche aktuelle Stunde könnte in verkürzter Form zu einem bereichernden Ritual werden.
- Je nachdem, welche Quellen und Themen ausgesucht werden, kann die Methode mit älteren oder jüngeren Schülerinnen und Schülern durchgeführt werden.

A. Thömmes / R. Thömmes: Die schnelle Stunde Kommunikationstraining
© Auer Verlag – AAP Lehrerfachverlage GmbH, Donauwörth

Verrückte Thesen

Rote Gummibärchen sollten aus den Tüten verbannt werden!	**Marienkäfer sollten Unterhosen tragen!**
Jeder Mensch sollte mindestens drei Zahnbürsten besitzen!	**Rückwärtsgehen sollte verboten werden!**
Die Schulpflicht sollte auch für Gummibärchen gelten!	**Fernsehnachrichten sollten gesungen werden!**
Jeder Mensch sollte einmal im Leben in Pudding baden!	**Man sollte regelmäßig mit seinem Fahrrad sprechen!**
Hundebesitzer sollten Maulkörbe tragen!	

Anregende Sinnfragen

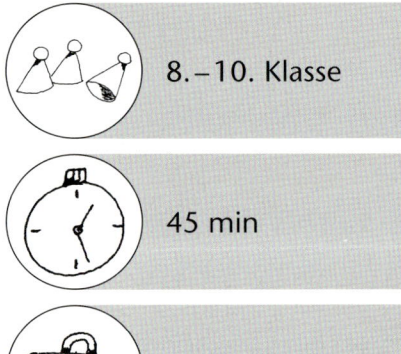

8.–10. Klasse

45 min

Arbeitsblätter mit Sinnkarten

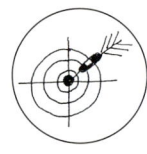

- zum persönlichen Gespräch motivieren
- das Zuhören einüben
- sich mit anderen über Sinnfragen austauschen

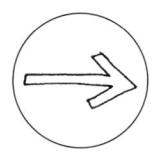

Arbeitsblätter kopieren und Karten ausschneiden

Der Lehrer bittet die Klasse, sich in Dreiergruppen zusammenzusetzen. Auf den Tischen werden Karten mit Sinnfragen verteilt. Jede Gruppe entscheidet sich für eine Karte.

Zunächst überlegt jeder Schüler in Einzelarbeit, was ihm zu der Frage einfällt. Anschließend stellt jeder in der Kleingruppe seine Ideen und Gedanken vor. Danach wird in der Dreiergruppe über das Thema diskutiert. Im letzten Schritt berichtet jede Gruppe im Plenum über ihre Sinngespräche.

In einer abschließenden Reflexion können die Schüler überlegen, wie sich ein Gespräch über persönliche und existenzielle Fragen von Sachdiskussionen unterscheidet.

- Der Lehrer sucht die Karten aus und verteilt sie.
- Jeder Schüler wählt eine persönliche Frage.

Da es sich hier um teilweise sehr persönliche Fragen handelt, sollte jeder Schüler selbst entscheiden, wie er sich einbringen will.

A. Thömmes / R. Thömmes: Die schnelle Stunde Kommunikationstraining
© Auer Verlag – AAP Lehrerfachverlage GmbH, Donauwörth

Anregende Sinnfragen

✂

Was ist Gerechtigkeit?

Was ist Glück?

Wo will ich hin?

Welche Sätze haben mich geprägt?

Was macht dich neugierig auf die Welt?

Worauf wartest du?

Was muss sich ändern?

Wofür schlägt mein Herz?

Was soll sich niemals verändern?

Welche Erfahrungen habe ich bisher mit dem gemacht, was ich kann?

Was schätzen andere an mir?

Was ist dir an deinen Freunden wichtig?

Wie ist dein Verhältnis zu deinen Großeltern?

Bist du eher ein Gefühls- oder ein Verstandesmensch?

Wo beginnt die „weite Welt"?

Anregende Sinnfragen

✂

Welche Rolle würdest du einmal spielen wollen?

Was würde ich am liebsten loslassen?

Welche Geschichte aus deinem Leben erzählst du am liebsten?

Wenn sich alles in meinem Leben perfekt entwickeln würde, wo würde ich dann in drei Jahren stehen?

Was war der glücklichste Tag in deinem Leben?

Was empfindest du in einer Menschenmenge?

Was kritisiere ich bei anderen häufig und schnell?

Wenn ich an mein größtes Vorbild denke: Was zeichnet diesen Menschen aus?

Wie kann ich meine Probleme selbst lösen?

Wie kann ich herausfinden, was ich will?

Was brauche ich, um glücklich und zufrieden zu leben?

Warum ist es zu Hause immer am schönsten?

Wer hat dich zuletzt richtig überrascht?

Was ist für dich der Sinn deines Lebens?

A. Thömmes / R. Thömmes: Die schnelle Stunde Kommunikationstraining
© Auer Verlag – AAP Lehrerfachverlage GmbH, Donauwörth

Austauschbare Runde

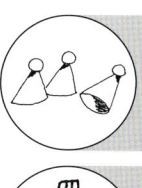
8. – 10. Klasse

45 – 90 min

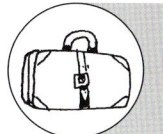
–

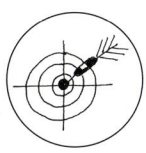
- konzentriert einem Gesprächsverlauf folgen
- Position beziehen und Argumentationen kritisch hinterfragen
- spielerische Aktivierung zur Teilnahme an einem Gespräch

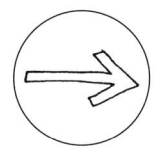
–

Es wird zunächst ein aktuelles Gesprächsthema ausgesucht, das nach Möglichkeit das Interesse der Mehrzahl findet. Etwa sechs Schüler bilden einen Gesprächskreis. Ein Schüler übernimmt die Rolle des Moderators, der das Gespräch leitet. Nach einer kurzen Einführung in das Thema diskutieren die Teilnehmer und nehmen Stellung zum Thema. Während des Gespräches können die Teilnehmer wechseln. Dabei bieten sich zwei Möglichkeiten an:

Ein Gesprächsteilnehmer geht zum Publikum und wählt einen Mitschüler aus, der sich dann in die Runde setzt und am Gespräch teilnimmt. Ein Schüler aus dem Publikum geht zum Gesprächskreis und wählt einen Schüler aus, dessen Platz er einnimmt.

Auch die Rolle des Moderators kann ausgetauscht werden. So entsteht durch die wechselnden Teilnehmer mit wechselnden Argumentationen immer wieder eine neue Gesprächsdynamik.

In einer Reflexion wird der Gesprächsverlauf kritisch betrachtet. Dabei beurteilen zunächst die aktiven Teilnehmer ihr Kommunikationsverhalten.

- Die Ersatzleute führen den Argumentationsstrang des Vorredners konsequent fort.
- Einzelne Schüler im Publikum erhalten vom Lehrer ausgewählte Positionen oder Verhaltensweisen, die sie in das Gespräch einbringen sollen.
- Das Publikum bekommt Beobachtungsaufgaben.
- Ein Teil des Publikums erhält vor Beginn des Gesprächs Rollenkarten (siehe Arbeitsblatt „Träumer – Pessimist – Realist", S. 52). Die Schüler mit Rollenkarten können auch einen Platz in der Mitte einnehmen, müssen aber in ihrer Rolle argumentieren (verraten diese jedoch nicht). Wer welche Rolle hatte, wird erst am Ende des Gesprächs aufgelöst. In der Reflexion wird darüber gesprochen, wie es war, die Rolle einzunehmen bzw. wie es für die anderen Gesprächsteilnehmer war.

- Das Wechselspiel sollte mit viel Ruhe vollzogen werden.
- Der Gesprächsverlauf könnte mit einer Kamera aufgezeichnet werden, um sich bei der Reflexion gezielt einzelne Gesprächsphasen nochmals anschauen zu können.

Das Mimik- und Gestiklexikon

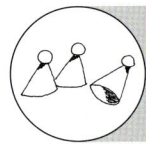 7.–10. Klasse

 45–90 min

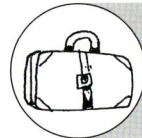 leere Blätter, Stifte, Scheren, Zeitschriften

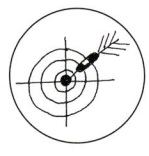 die Bedeutung von nonverbaler Kommunikation erschließen

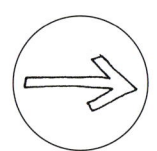 Arbeitsmaterialien bereitstellen

Arme, Hände und Kopf, Mund, Augen und Stirn sind wichtige Hilfsmittel, um Gesprächsinhalte zu verdeutlichen. Der Lehrer erläutert zunächst das Ziel der Unterrichtsstunde: das gemeinsame Erstellen eines Mimik- und Gestiklexikons.

Die Schüler sammeln in einem ersten Schritt Gesten und mimische Ausdrucksweisen (Daumen hoch, Stirn runzeln, Heben der Augenbrauen, Lächeln etc.) und notieren sie auf einzelnen Blättern. Jeder Schüler entscheidet sich für einen Ausdruck und versucht mit gestalterischen Mitteln (z. B. Foto, Bild malen) seinen Begriff anschaulich darzustellen.
Die Schüler stellen ihre Arbeitsergebnisse vor und unterhalten sich über die Bedeutung von Mimik und Gestik.
Die Blätter werden zu einem Heft zusammengefügt.

- Einzelne Gruppen konzentrieren sich auf bestimmte Körperteile (Augen, Hände, Mund).
- Die kreative Arbeitsphase geschieht in Partnerarbeit.
- Die Übung wird als Ratespiel angelegt. Dabei werden die Begriffe vom Lehrer vorher festgelegt und an die Schüler verteilt. In einem Quiz werden die Begriffe am Schluss präsentiert und erraten. Gesten und Mimik können auch pantomimisch dargestellt werden.
- Die Schüler nutzen das Internet als Datenbank mit einer Fülle an Bildern und Fotos. So können sie etwa eine kleine Ausstellung zum Thema Augen-Blicke gestalten.

A. Thömmes / R. Thömmes: Die schnelle Stunde Kommunikationstraining
© Auer Verlag – AAP Lehrerfachverlage GmbH, Donauwörth

Emotionales Theater

5.–10. Klasse

45–90 min

Arbeitsblatt, Schere

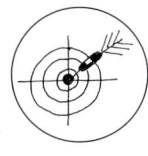

die Bedeutung von Gefühlen bei einem Gespräch erkennen und ausdrücken

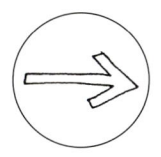

Arbeitsblatt kopieren und Gefühlskarten ausschneiden

Die Schüler einigen sich auf ein Thema, zu dem sie eine kurze Spielszene aus dem Alltag erfinden (2–4 Schauspieler). Es werden sechs bis acht Gruppen gebildet, die ein Gefühlswort (verliebt, ängstlich, wütend etc., siehe Arbeitsblatt) vom Lehrer erhalten. Sie sollen die Grundszene so gestalten und einüben, dass das vorgegebene Gefühl deutlich wird.

- Die Schüler erstellen in der ersten Arbeitsphase zunächst selbst eine Liste an Gefühlen.
- Die Spielgruppe kennt das zu spielende Gefühl noch nicht und beginnt mit der Spielhandlung. Das Publikum ruft ein Gefühl zu und die Spielgruppe setzt dies in der Spielhandlung um.
- Einzelne Spieler bekommen während der Aufführung Gefühle genannt, die sie sofort umsetzen sollen.

Besonders gegensätzliche Gefühle machen die Bedeutung der emotionalen Anteile in Gesprächssituationen erkennbar.

Emotionales Theater

✂

verliebt	**wütend**
panisch	**verwirrt**
ungeduldig	**verzweifelt**
mutlos	**begeistert**
gereizt	**übellaunig**
durchgedreht	**albern**
müde	**euphorisch**
gelassen	**gestresst**
ekstatisch	**aufgeregt**
fröhlich	**gelangweilt**
traurig	**ärgerlich**

A. Thömmes / R. Thömmes: Die schnelle Stunde Kommunikationstraining
© Auer Verlag – AAP Lehrerfachverlage GmbH, Donauwörth

Entscheide dich!

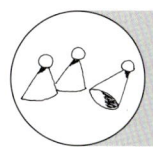
9.–10. Klasse

45–90 min

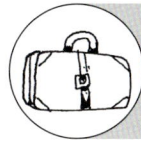
Arbeitsblatt, Stifte

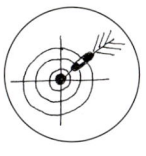
gemeinsam Entscheidungen treffen

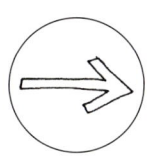
Arbeitsblatt kopieren

Bei diesem Rollenspiel steht eine Form des Castings im Mittelpunkt: Nach einem Gespräch mit potenziellen Bewerbern für einen WG-Platz muss eine Entscheidung getroffen werden. Im Mittelpunkt steht eine Fünfer-WG, in der zwei Plätze neu besetzt werden können. Insgesamt gibt es sechs Bewerber. Jeder WG-Kandidat versucht sich in möglichst gutes Licht zu rücken, um den begehrten Platz zu erhalten. Es werden zunächst sieben Gruppen gebildet, die das Rollenspiel vorbereiten. Sechs Gruppen bekommen dafür jeweils eine Rollenkarte. In diesen Kleingruppen wird eine Gesprächsstrategie besprochen. Die siebte Gruppe bildet die Vermieter, die sich ebenfalls auf das Gespräch vorbereiten. Ihre Aufgabe ist es auch, den Ablauf und die Entscheidungsphase zu gestalten.

Die Kandidaten kennen ihre Konkurrenten nicht. Diese sind nur den Vermietern bekannt. Daher erhalten die einzelnen Gruppen nur die Daten zu ihrer Person.

In der abschließenden Reflexion wird die Gesprächsstrategie der einzelnen Gruppen vorgestellt und gemeinsam kritisch bewertet.

Die einzelnen Rollen werden vom Vermieterteam vorgegeben.

In vielen Gesprächssituationen geht es darum, gemeinsam eine Entscheidung zu treffen. Das soll vor allem mithilfe des Rollenspiels eingeübt werden.

Entscheide dich! – Das WG-Casting

Du bewirbst dich auf einen WG-Platz in einer Fünfer-WG. Du bist zu einem Gespräch eingeladen, auf das du dich vorbereiten kannst. Nutze deine Chance und stelle dich der Herausforderung!

Du heißt Daniel, studierst im 5. Semester BWL. Deine Eltern sind Ärzte.

Du bewirbst dich auf einen WG-Platz in einer Fünfer-WG. Du bist zu einem Gespräch eingeladen, auf das du dich vorbereiten kannst. Nutze deine Chance und stelle dich der Herausforderung!

Du heißt Kevin, machst eine Lehre als Fleischer und liebst deinen Beruf.

Du bewirbst dich auf einen WG-Platz in einer Fünfer-WG. Du bist zu einem Gespräch eingeladen, auf das du dich vorbereiten kannst. Nutze deine Chance und stelle dich der Herausforderung!

Du heißt Dorothee, feierst gerne und liebst Partys.

Du bewirbst dich auf einen WG-Platz in einer Fünfer-WG. Du bist zu einem Gespräch eingeladen, auf das du dich vorbereiten kannst. Nutze deine Chance und stelle dich der Herausforderung!

Du heißt Ramon, bist mit deiner Familie aus Rumänien nach Deutschland gezogen und besuchst ein Gymnasium.

Du bewirbst dich auf einen WG-Platz in einer Fünfer-WG. Du bist zu einem Gespräch eingeladen, auf das du dich vorbereiten kannst. Nutze deine Chance und stelle dich der Herausforderung!

Du heißt Frankie, bist arbeitslos und hast viele Ideen für ein lustiges WG-Leben.

Du bewirbst dich auf einen WG-Platz in einer Fünfer-WG. Du bist zu einem Gespräch eingeladen, auf das du dich vorbereiten kannst. Nutze deine Chance und stelle dich der Herausforderung!

Du heißt Natascha, machst eine Lehre als Bankkauffrau und liebst Ordnung und Sauberkeit.

A. Thömmes / R. Thömmes: Die schnelle Stunde Kommunikationstraining
© Auer Verlag – AAP Lehrerfachverlage GmbH, Donauwörth

Falsche Wörter

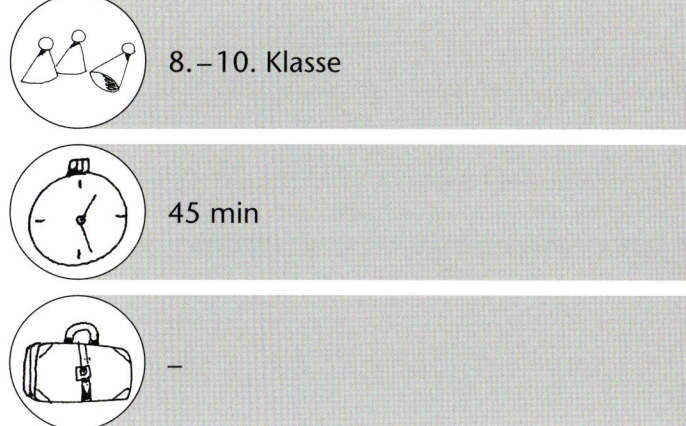

8.–10. Klasse

45 min

–

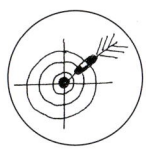

- konzentrierte Gespräche führen
- die Bedeutung eines gemeinsamen Sprachverständnisses erkennen

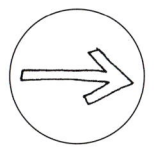

–

Zwei bis drei Schüler verlassen den Klassenraum und werden nicht über das Unterrichtsvorhaben informiert. Die restlichen Schüler planen eine kontroverse Diskussion zu einem aktuellen Thema, bei dem unterschiedliche Standpunkte zu erwarten sind. Dabei soll jedoch eine wichtige Regel beachtet werden: Bestimmte Schlüsselbegriffe dürfen nicht ausgesprochen werden. Als Ersatz werden andere Wörter festgelegt. Um sich diese Wörter einzuprägen wird das Gespräch phasenweise geprobt. Die abwesenden Schüler werden in den Raum gerufen und die Diskussion beginnt. Sie sollen sich ebenfalls am Gespräch beteiligen und sich einfinden.

In der anschließenden Reflexion berichten die abwesenden Schüler, wie sie die Diskussion erlebt haben und wie sie sich integrieren konnten. Die Erfahrungen werden auf alltägliche Gesprächssituationen übertragen.

- Das Gesprächsverhalten der abwesenden Schüler wird von Beobachtern kritisch in den Blick genommen.
- Die abwesenden Schüler nehmen nicht am Gespräch teil, sondern müssen erraten, um welche Begriffe es sich handelt.

Je mehr Begriffe ausgetauscht werden, desto komplizierter wird der Gesprächsverlauf. Dies verlangt eine hohe Konzentration.

Fantasiesprache

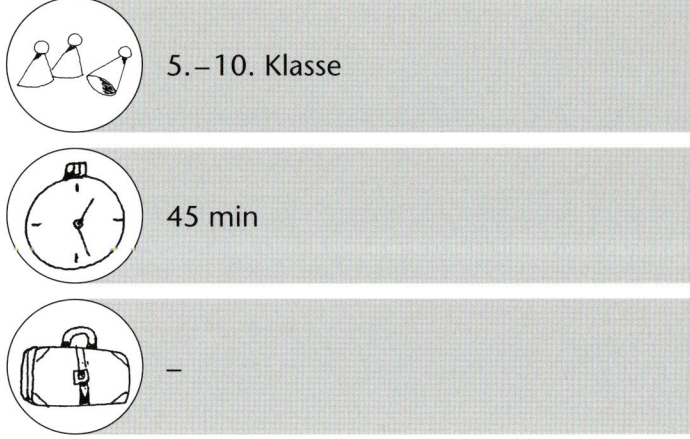

5.–10. Klasse

45 min

–

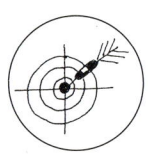

- die Bedeutung von Mimik, Gestik und Stimme erkennen
- auf aussagekräftige Formulierungen achten

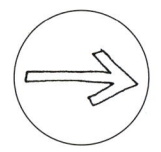

–

Bei einer Diskussion sollen sich die Schüler in einer Fantasiesprache unterhalten. Diese Sprache hat keinen Inhalt und kennt keine Regeln. Sie wird frei erfunden. Die einzigen Ausdrucksformen können Gestik, Mimik und Stimme sein. So kann man eine Ernsthaftigkeit in seine Stimme und Körpersprache legen. Oder man drückt Freude oder auch Aggression aus. Nach einer Einübungsphase wird eine Gesprächsdauer festgelegt. Anschließend versuchen alle gemeinsam die Erfahrungen mit diesem erfundenen Gespräch zu erörtern. Dazu werden Konsequenzen für richtige Gespräche formuliert.

- Es gibt Übersetzer, die die gesprochenen Texte übersetzen.
- Jeweils zwei Schüler spielen eine Person. Sie stellen sich dabei hintereinander, wobei der vordere Schüler die Arme nach hinten verschränkt. Der zweite Spieler streckt seine Arme nach vorne und versteckt sich hinter dem Körper. Der vordere Schüler spricht in einer Fantasiesprache, der hintere macht die entsprechenden Gesten mit den Armen und Händen.
- Die Schüler erfinden Gedichte und tragen sie vor.

- Es gibt auch einen Fachbegriff für diese Fantasiesprache: Gromolo.
- Nach und nach wird die Übung den Schülern viel Freude bereiten. Dabei sollte der Lerneffekt nicht außer Acht gelassen werden.

A. Thömmes / R. Thömmes: Die schnelle Stunde Kommunikationstraining
© Auer Verlag – AAP Lehrerfachverlage GmbH, Donauwörth

Fragerunde

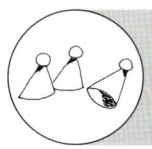
8.–10. Klasse

45–90 min

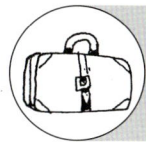
Arbeitsblätter, Stifte

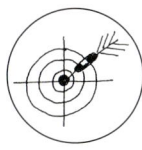
- lernen die richtigen Fragen zu stellen
- unterschiedliche Fragekategorien kennenlernen

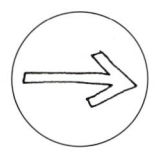
Arbeitsblätter kopieren, Fragekarten ausschneiden (evtl. durch Schüler)

Mithilfe des Arbeitsblattes 2 sollen sich die Schüler in Einzelarbeit über die unterschiedlichen Frage-arten und deren Bedeutung bei einer Diskussion oder einem Gespräch informieren.
Anschließend stellen sie sich vor, dass sie im Rahmen einer Gesprächsrunde über ein aktuelles Thema einem Fachmann eine Frage stellen dürfen und notieren diese auf den Fragekärtchen (Arbeitsblatt 1). Nach einer Einzelarbeitsphase werden die Fragen vorgestellt und mithilfe der folgenden Leitfragen erläutert:

- Wie lautet meine Frage?
- Warum stelle ich diese Frage?
- Was möchte ich mit dieser Fragestellung beim Befragten bewirken?
- Welche Antwort erwarte ich auf meine Frage?
- In welche Richtung möchte ich das Gespräch durch meine Frage lenken?

Alle Fragen werden gesammelt und an eine Pinnwand geheftet. Gemeinsam werden die Fragen kritisch begutachtet und geordnet. Die zehn wichtigsten Fragen werden heraus-gefiltert.

A. Thömmes / R. Thömmes: Die schnelle Stunde Kommunikationstraining
© Auer Verlag – AAP Lehrerfachverlage GmbH, Donauwörth

Fragerunde

A. Thömmes / R. Thömmes: Die schnelle Stunde Kommunikationstraining
© Auer Verlag – AAP Lehrerfachverlage GmbH, Donauwörth

Fragerunde

Unterschiedliche Arten von Fragen

Weite / offene Fragen lassen dem Antwortgeber einen großen Spielraum bei der Beantwortung. Meist sind es W-Fragen:

Wann ...

Was ...

Welche ...

Wem ...

Wen ...

Wer ...

Weshalb ...

Wie ...

Wie lange ...

Wie viele ...

Wie weit ...

Wo ...

Wobei ...

Wofür ...

Woher ...

Wohin ...

Worin ...

Worüber ...

Wovon ...

Wovor ...

Geschlossene / enge Fragen bieten dem Antwortgeber nicht viel Spielraum, da die Antwort eingeengt ist. Manchmal ist nur ein JA oder NEIN oder eine Art von Entscheidung (Kino oder Schwimmbad?) möglich.

Gefühlsteppich

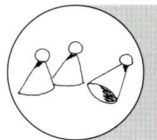
5.–10. Klasse

45–90 min

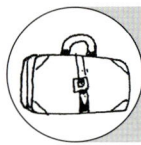
DIN-A4-Blätter, Stifte, Klebeband, Würfel

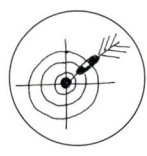
Einüben von emotionalen Gesprächsbeiträgen

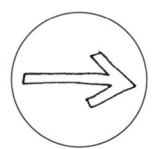
Materialien zur Verfügung stellen

Die Schüler sammeln zunächst unterschiedliche Gefühle an der Tafel. Daraus wählen sie ca. zehn Emotionen aus, die bei Gesprächen eine wichtige Rolle spielen (Freude, Wut, Ärger, Trauer usw.). Eine Gruppe beschriftet Blätter mit den ausgewählten Gefühlen und nummeriert diese. Eine zweite Gruppe räumt die Tische und Stühle zur Seite, sodass eine große Spielfläche entsteht. Die Gefühlsblätter werden auf dem Boden in einem Abstand hintereinander befestigt, sodass es möglich ist, von einem Blatt zum nächsten zu springen. Gemeinsam einigen sich alle auf ein Gesprächsthema. Ein Schüler würfelt und hüpft zu dem entsprechenden Gefühlspunkt. In der hier aufgeführten Emotion bringt er einen Gesprächsbeitrag. Es folgen andere Schüler, die sich ebenfalls am Gespräch beteiligen. Der Gesprächsverlauf und die Bedeutung der Emotionen werden im Anschluss besprochen.

Es werden mehrere Spielgruppen gebildet, die jeweils einen Raum zur Verfügung haben, um das Kommunikationsspiel durchzuführen.

- Die Gesprächsregeln sollten vor Beginn festgelegt und besprochen werden (Gibt es einen Start- und Schlusspunkt oder einen Spielkreis?).
- Falls kein Würfel zur Verfügung steht, kann ein solcher auch gebastelt werden.

A. Thömmes / R. Thömmes: Die schnelle Stunde Kommunikationstraining
© Auer Verlag – AAP Lehrerfachverlage GmbH, Donauwörth

Gemalte Redewendungen

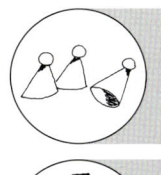
5.–7. Klasse

45 min

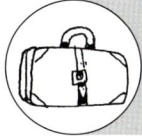
Arbeitsblätter, Stifte

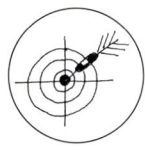
- über Kommunikation nachdenken
- Redewendungen bildlich darstellen

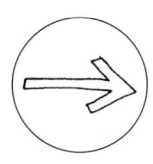
Arbeitsblätter kopieren

Der Lehrer kopiert das Arbeitsblatt 1 mit Redewendungen zum Thema Kommunikation / Zuhören. Jeder Schüler sucht sich eine Redewendung aus, die er den Mitschülern nicht verraten darf und malt dazu ein Bild auf das Arbeitsblatt 2.
Nach ca. 20 Minuten zeigen die Schüler der Klasse ihr Bild. Die anderen müssen raten, um welche Redewendung es sich handelt.

- Die Redewendung wird pantomimisch dargestellt.
- Die Schüler drehen einen kurzen Video-Clip zu ihrer Redewendung.

- Aus den Erkenntnissen der Übung kann gut eine Liste mit wichtigen Regeln für Unterrichtsgespräche erstellt werden.
- Falls einzelne Redewendungen nicht verstanden werden, kann der Lehrer diese dem jeweiligen Schüler erläutern.

Gemalte Redewendungen

Beispiele für Redewendungen:

Auf seinen Ohren sitzen

Sich den Mund fusselig reden

Jemandem sein Ohr leihen / schenken

Die Ohren auf Durchzug stellen

Ein offenes Ohr für jemanden haben

Jemandem über den Mund fahren

Reden, wie einem der Schnabel gewachsen ist

Durch die Blume sprechen

Jemandem das Wort im Munde herumdrehen

Sich im Ton vergreifen

Schweigen wie ein Grab

Den Mund (zu) voll nehmen

Den Mund aufreißen

Nicht auf den Mund gefallen sein

Eine große Klappe haben / riskieren

Jemandem etwas in den Mund legen

Jemandem nach dem Munde reden

In aller Munde sein

Sich den Mund verbrennen

Jemanden mundtot machen

Den Mund nicht aufbekommen

Ein böses Mundwerk haben

Ein großes Mundwerk haben

Jemandes Mundwerk steht nicht still

Reden ist Silber, Schweigen ist Gold

Jemandem Rede und Antwort stehen

Jemandem ins Wort fallen

Reden wie ein Buch / ein Wasserfall

Eine dicke Lippe riskieren

A. Thömmes / R. Thömmes: Die schnelle Stunde Kommunikationstraining
© Auer Verlag – AAP Lehrerfachverlage GmbH, Donauwörth

Gemalte Redewendungen

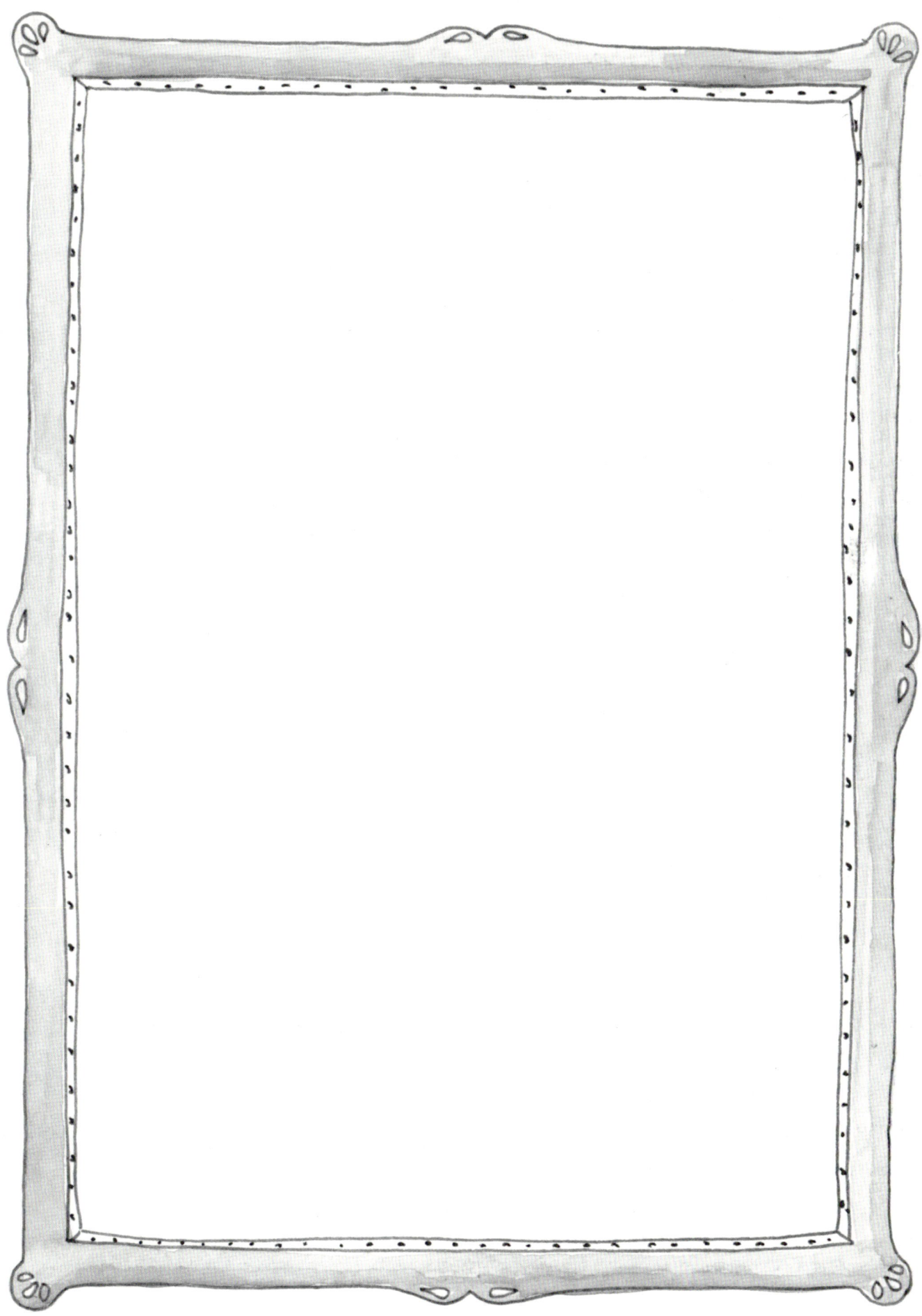

Gesprächsstörer – Gesprächsförderer

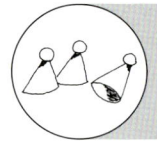
5. – 10. Klasse

45 min

Arbeitsblatt, Stifte

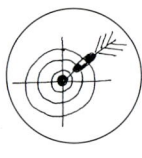
- Gesprächsstörer und -förderer benennen
- den Umgang mit störenden Gesprächssituationen einüben

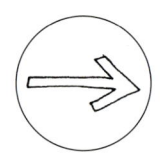
Arbeitsblatt kopieren

Nicht immer verlaufen Gespräche zur Zufriedenheit aller teilnehmenden Personen. Sogenannte Gesprächsstörer (unterbrechen, beschimpfen, drohen, lächerlich machen, nicht ernst nehmen etc.) können einen Gesprächsverlauf zu einer unangenehmen Sache machen. Die Schüler sollen zunächst in Partnerarbeit das Arbeitsblatt ergänzen. Dazu überlegen sie sich eine Gesprächssituation, in der sie eine typische Störung einüben und im Plenum präsentieren. Gemeinsam überlegen alle, wie die Situation zufriedenstellend gelöst werden kann. Dazu können Freiwillige die Rolle eines Gesprächsförderers übernehmen und die Situation neu gestalten. Die wichtigsten Gesprächsförderer werden gesammelt und auf einem Plakat notiert.

Die erste Arbeitsphase wird ausgelassen. Es werden typische störende Gesprächssituationen gesammelt und spielerisch mit positivem Gesprächsverhalten aufgearbeitet.

Die gesammelten Gesprächsförderer können auch nach dieser Unterrichtsstunde die zukünftigen Klassengespräche positiv beeinflussen.

A. Thömmes / R. Thömmes: Die schnelle Stunde Kommunikationstraining
© Auer Verlag – AAP Lehrerfachverlage GmbH, Donauwörth

Gesprächsstörer – Gesprächsförderer

Gesprächsstörer	Gesprächsförderer
unterbrechen	ermutigen
beschimpfen	nachfragen
drohen	wertschätzen
lächerlich machen	positive Körpersprache
nicht ernst nehmen	loben
für dumm gehalten werden	Gefühle ansprechen
klein gemacht werden	Wünsche ansprechen
Befehle	zuhören
Vorwürfe machen	
bewerten	
_____	_____
_____	_____
_____	_____
_____	_____
_____	_____
_____	_____
Ich kann dich nicht ausstehen!	Das verstehe ich gut!
Du nervst mich!	Das ging mir auch schon so!
Lass mich in Ruhe!	Das finde ich toll!
Du gehst mir auf die Nerven!	Du schaffst das!
Sei ruhig!	
Hau ab!	
Ich möchte nicht mit dir reden!	
Halt's Maul!	
Ich warne dich!	
_____	_____
_____	_____
_____	_____
_____	_____
_____	_____
_____	_____

A. Thömmes / R. Thömmes: Die schnelle Stunde Kommunikationstraining
© Auer Verlag – AAP Lehrerfachverlage GmbH, Donauwörth

Gesprächstheater

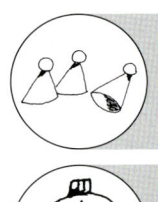
8.–10. Klasse

45–90 min

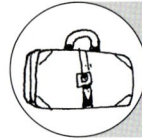
Arbeitsblatt, Stifte

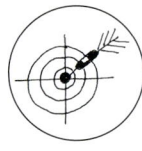
• Vorbereitung auf Gespräche
• auf den Gesprächsverlauf achten und ihn beeinflussen
• spielerische Auseinandersetzung mit Konfliktsituationen

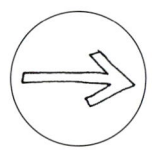
Arbeitsblatt kopieren

Die Schüler wählen gemeinsam ein Thema, bei dem ein Konflikt im Mittelpunkt steht. Es werden vier Gruppen gebildet. Drei Gruppen erfinden und proben eine kurze Spielhandlung (ca. zwei bis drei Minuten) zum vorgegebenen Thema. Eine vierte Gruppe bereitet die Reflexion vor und formuliert Beobachtungsaufgaben für das Publikum (Arbeitsblatt).
Im Plenum wird zunächst die erste Handlung gespielt. Anschließend wird die Szene ein zweites Mal gespielt. Dabei hat das Publikum die Möglichkeit, in die Spielhandlung einzugreifen. Dazu übernimmt ein Zuschauer die Rolle eines Spielers. So nimmt die Handlung einen ganz neuen Verlauf. Nacheinander werden alle Spielhandlungen in dieser Form aufgerufen.
In einer Reflexionsphase stehen der Verlauf der Spielhandlung und der Umgang mit dem Konflikt im Mittelpunkt. Dabei fließen die Ergebnisse der Beobachtungen des Publikums in das Gespräch ein.

• Es wird eine gemeinsame Spielhandlung für alle Gruppen geplant. Die Problemlösung bleibt offen. Die Gruppen erfinden mögliche Lösungs-Szenarien.
• Die Rollenspieler suchen sich ihre Ersatzspieler im Publikum.

Jede Gruppe benötigt einen eigenen Raum, in dem sie ihre Szenen einüben kann.

A. Thömmes / R. Thömmes: Die schnelle Stunde Kommunikationstraining
© Auer Verlag – AAP Lehrerfachverlage GmbH, Donauwörth

Gesprächstheater

Beobachtungsaufgaben für das Publikum:

_____

_____

_____

_____

_____

_____

_____

Hast du schon gehört?

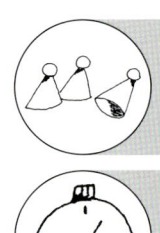 5.–10. Klasse

 45 min

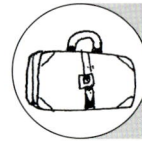 Arbeitsblatt

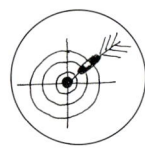
- Erkennen, wie Missverständnisse entstehen
- die Bedeutung von Nachfragen verstehen und einüben

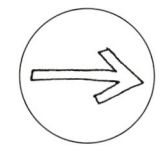 Arbeitsblatt kopieren

Sechs Schüler verlassen den Raum.

Die zurückgebliebenen Schüler betrachten das Bild (siehe Arbeitsblatt), sie sind Beobachter.

Schüler 1 wird hereingerufen. Er schaut sich das Bild an und prägt sich die dargestellten Details möglichst genau ein.

Schüler 2 wird hereingerufen. Schüler 1 und 2 sitzen einander gegenüber. Schüler 1 beschreibt Schüler 2 das Bild. Schüler 2 darf keine Rückfragen stellen, nur zuhören und muss das, was er aufnimmt gleich danach an Schüler 3 weitergeben.

So wird das fortgesetzt bis zu Schüler 6. Dieser hat dann die Aufgabe, das Verstandene an die Tafel / Flipchart zu malen.

Alle bekommen nun das Original zu sehen.

Gesprächsimpulse zur Reflexion der Übung:

Warum sieht das Bild, das von Schüler 6 gemalt wurde, anders aus als das Original?

Was haben die Beobachter wahrgenommen? Welche Informationen sind verloren gegangen?

Warum? War das ein Gespräch?

Die Übung wird mit einer Geschichte durchgeführt, die zunächst vorgelesen und dann aus dem Gedächtnis weitererzählt wird.

Mögliche Erkenntnisse aus der Übung:
- Sprache ist nicht eindeutig, denn jeder Mensch hat andere Vorstellungen von Dingen und Sachverhalten.
- An Dinge, die mit dem eigenen Wertesystem übereinstimmen, erinnert man sich besser.
- Dadurch, dass man nicht nachfragen durfte, wurden Details unbewusst verändert.
- Was hätte helfen können (nachfragen, verständlich sprechen, langsam sprechen)?

A. Thömmes / R. Thömmes: Die schnelle Stunde Kommunikationstraining
© Auer Verlag – AAP Lehrerfachverlage GmbH, Donauwörth

Hast du schon gehört?

JEDER IST SEINES GLÜCKES STÖRENFRIED

Ich biete und suche

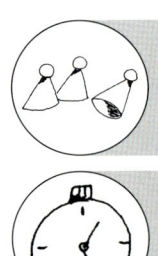
8. – 10. Klasse

45 min

Arbeitsblatt, Stifte

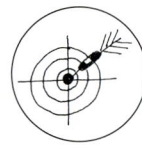
- die eigene kommunikative Kompetenz reflektieren
- gegenseitige aktive Hilfestellung

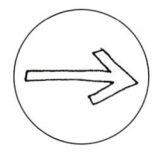
Arbeitsblatt kopieren

Mithilfe des Arbeitsblattes reflektieren die Schüler zunächst in Einzelarbeit ihre kommunikativen Stärken und Schwächen. Die Ergebnisse werden an einer Pinnwand ausgehängt. Es bilden sich nach und nach Kleingruppen zu Schwerpunkten (Ich suche / Ich biete). Dabei finden sich idealerweise Gruppen zusammen, deren Teilnehmer zunächst über das Thema sprechen und sich dann gegenseitig Tipps geben und konkret üben. Es werden mehrere Runden gespielt.

Die einzelnen Kompetenzen werden ausgeschnitten und auf Tischen verteilt. Es bilden sich dazu Gruppen mit Könnern und Lernern.

Bei dieser Übung ist es wichtig, dass die Schüler verschiedene Rollen einnehmen und so ihr Wissen und ihre Erfahrungen weitergeben können, aber auch als Lernende neue Erfahrungen machen.

A. Thömmes / R. Thömmes: Die schnelle Stunde Kommunikationstraining
© Auer Verlag – AAP Lehrerfachverlage GmbH, Donauwörth

Ich biete und suche

Eine kommunikative Selbsteinschätzung

	Das fällt mir leicht!	Das kann ich nicht gut!	Das möchte ich noch lernen!
Frei reden			
Gelassen antworten, wenn ich angesprochen werde			
Flüssig reden			
Die Körpersprache gut einsetzen			
Laut und deutlich sprechen			
Mich verständlich ausdrücken			
Aufmerksam zuhören, wenn andere sprechen			
Mich im Unterricht aktiv an Gesprächen beteiligen			
Auf Fragen meiner Mitschüler eingehen			
Beim Reden mit Mitschülern nicht den Lehrer, sondern den Mitschüler anschauen			
Bei Diskussionen sachlich bleiben			
Meine Stimme optimal einsetzen			
Meine Gedanken verständlich formulieren			
Auf Beiträge eingehen			
Nachfragen, wenn ich etwas nicht richtig verstanden habe			

Wie kann ich das lernen?

_____

_____

_____

_____

_____

A. Thömmes / R. Thömmes: Die schnelle Stunde Kommunikationstraining
© Auer Verlag – AAP Lehrerfachverlage GmbH, Donauwörth

Klassengespräche

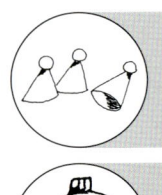 5.–10. Klasse

 45–90 min

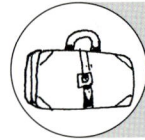 Arbeitsblatt, Stifte

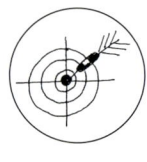 gemeinsam Kommunikationsregeln für die Klasse erstellen

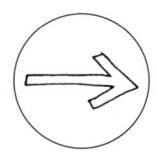 Arbeitsblatt kopieren

Die Klasse wird in Kleingruppen (vier bis fünf Schüler) aufgeteilt. Jede Gruppe erhält eine Mindmap mit vorgegebenen Fragen und Satzanfängen.
In der Gruppe wird darüber diskutiert und die Mindmap vervollständigt. Dazu werden bereits einige Konsequenzen für Klassengespräche formuliert. Nach ca. zehn Minuten stellt jede Gruppe ihre Ergebnisse vor. Auf dieser Basis werden gemeinsam Kommunikationsregeln für die Klasse erarbeitet, die auf einer Flipchart festgehalten werden.

 Jeder Schüler erstellt eine für ihn wichtige Regel. Sie werden eingesammelt und gemischt. Der Reihe nach werden die einzelnen Vorschläge vorgelesen und besprochen. Die für die Klasse wichtigen Regeln werden schriftlich festgehalten. Nach und nach entsteht so eine Liste an Gesprächsregeln.

- Die Gesprächsregeln können immer wieder ergänzt und angepasst werden.
- Es ist wichtig, dass alle Fachlehrer, die in der Klasse unterrichten, über diese Regeln informiert werden. Diese Aufgabe kann der Klassensprecher übernehmen.

A. Thömmes / R. Thömmes: Die schnelle Stunde Kommunikationstraining
© Auer Verlag – AAP Lehrerfachverlage GmbH, Donauwörth

Klassengespräche

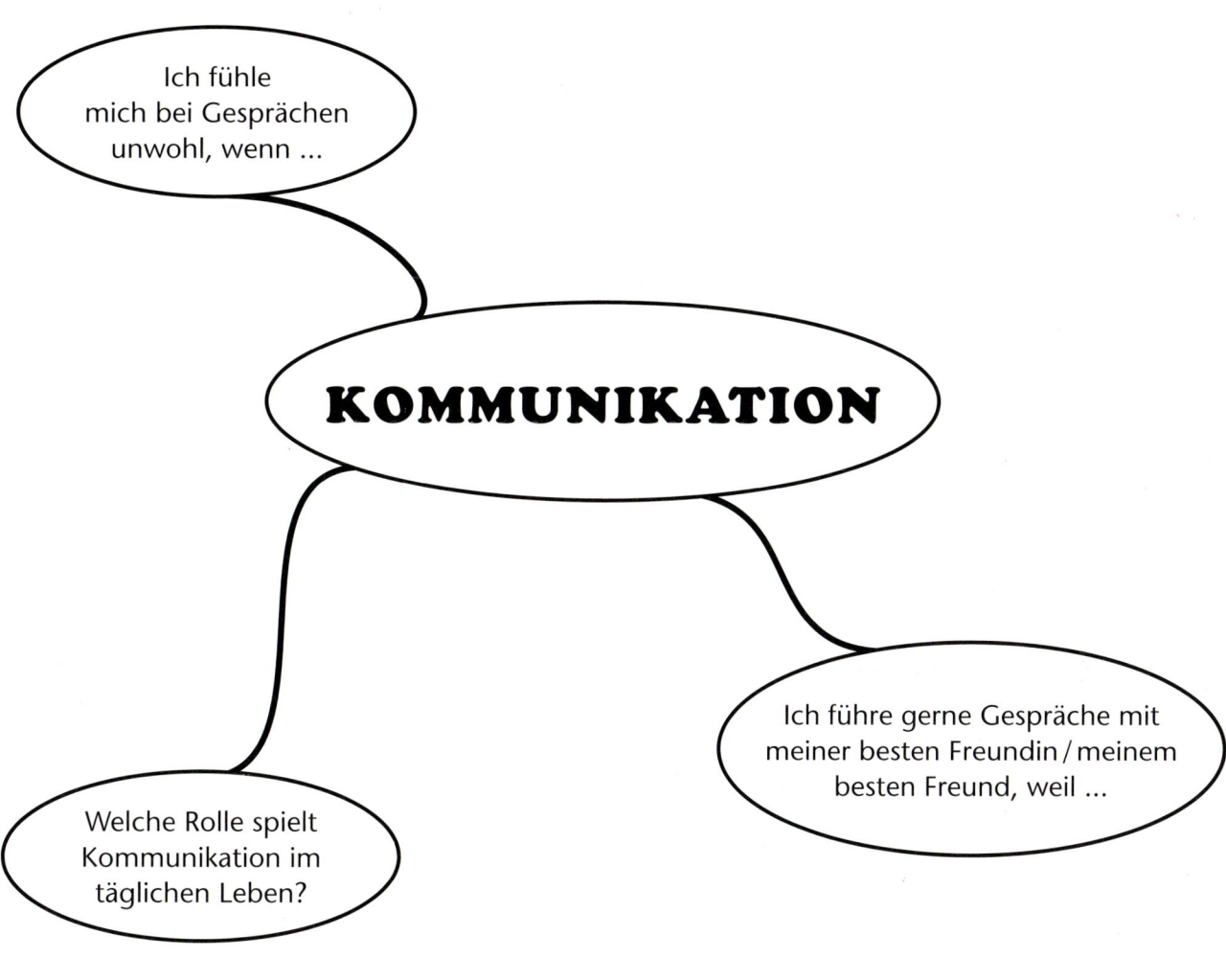

Das ist uns bei Gesprächen in der Klasse wichtig:

_____

_____

_____

_____

_____

_____

_____

Kleine Gesten

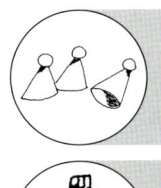 5.–10. Klasse

 45 min

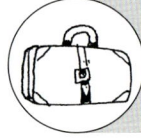 Arbeitsblatt, Schere

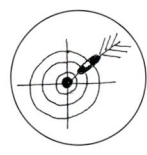
- auf nonverbale Kommunikation (Gestik und Mimik) achten
- Aufmerksamkeit einüben

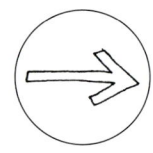 Arbeitsblatt kopieren, Zahlen ausschneiden

Die Schüler setzen sich in einen Kreis. Der Lehrer hat Zettel mit Zahlen entsprechend der Anzahl der Schüler vorbereitet. Jeder zieht einen Zettel mit einer Zahl, die er sich merkt. Ein Schüler stellt sich in die Mitte und ruft zwei Zahlen auf (natürlich nicht seine eigene). Die zwei Mitspieler, deren Zahlen genannt wurden, müssen versuchen, sich durch Blickkontakt, Handzeichen, Zwinkern … unauffällig zu erkennen zu geben. Dabei soll der Schüler in der Mitte nichts davon bemerken. Wenn die beiden Schüler sich erkannt haben, versuchen sie möglichst schnell ihre Plätze zu tauschen.
Der Schüler in der Mitte sollte alle im Blick haben und schnell reagieren, wenn er bemerkt, dass zwei Schüler miteinander „sprechen". So kann er einem der beiden den Platz wegnehmen, wenn dieser versucht, seinen Platz zu tauschen.
Wenn er Erfolg hatte (das kann mehrere Runden dauern) und einen Platz bekommen hat, stellt sich der Schüler mit dem verlorenen Platz in die Mitte.

In einer Reflexion unterhalten sich die Schüler über die Bedeutung von Gestik und Mimik.

 Es werden feste Zeichen vor dem Spiel festgelegt (Augenzwinkern, Stirnrunzeln usw.).

 Das Spiel sollte sehr konzentriert und ohne Geräusche oder Gespräche stattfinden. Dazu ist eine Stilleübung zur Hinführung recht sinnvoll.

A. Thömmes / R. Thömmes: Die schnelle Stunde Kommunikationstraining
© Auer Verlag – AAP Lehrerfachverlage GmbH, Donauwörth

Kleine Gesten

✂ -

1	2	3	4	5
6	7	8	9	10
11	12	13	14	15
16	17	18	19	20
21	22	23	24	25
26	27	28	29	30

Knotenspiel

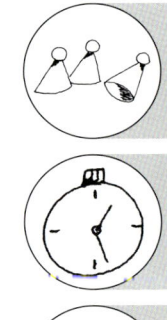
5.–10. Klasse

45 min

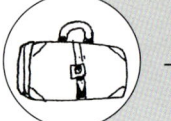
–

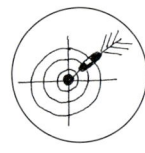

- Regeln einer Problemlösung spielerisch erarbeiten
- kommunikationsfördernde Haltungen einüben
- Teamarbeit fördern
- aufeinander achten

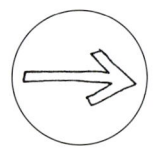
–

Acht bis zehn Schüler stellen sich in einem Kreis auf und rücken dazu möglichst nah zusammen. Jeder streckt beide Hände aus und ergreift zwei andere Hände. Dabei sind zwei Regeln wichtig:

1. Es darf keine Hand des Nachbarn sein.
2. Es dürfen nicht zwei Hände einer Person sein.

Es entsteht so ein Gewirr an Händen. Die Aufgabe besteht darin, diesen Knoten zu entwirren, sodass ein Kreis entsteht (manchmal auch zwei!). Dabei dürfen die Hände nicht losgelassen werden.
Die Schüler außerhalb des Kreises haben die Aufgabe, den Prozess zu beobachten:
Wer ist sehr dominant bzw. still?
Welche Strategien werden entwickelt, um das Problem zu lösen?
Wie gehen die Teilnehmer miteinander um?
Wie kam es zur Lösung des Problems?
Die Erkenntnisse werden in einer abschließenden Reflexion auf Kommunikationsprozesse übertragen.
Dabei bringen sich die Spieler zunächst mit ihren Erfahrungen ein.

- Das Publikum sendet Berater in die Runde, die bei der Problemlösung behilflich sind.
- Bei der Lösung der Aufgabe darf nicht gesprochen werden.

- Das Spiel bedarf einer guten Einführung in die Regeln.
- Es sollte auch deutlich werden, dass es dabei um eine spielerische Form von Kommunikation geht.

A. Thömmes / R. Thömmes: Die schnelle Stunde Kommunikationstraining
© Auer Verlag – AAP Lehrerfachverlage GmbH, Donauwörth

Kommunikations-Tabu®

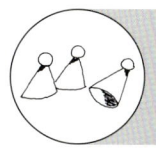
8.–10. Klasse

45–90 min

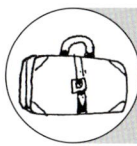
Arbeitsblätter, Stifte

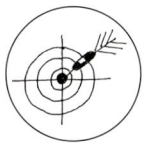
spielerische Auseinandersetzung mit dem Thema Kommunikation

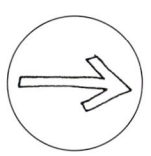
Arbeitsblätter kopieren und Karten ausschneiden

Bei dem bekannten Spiel Tabu® treten zwei Gruppen gegeneinander an. Ein Schiedsrichter zeigt einem Gruppenmitglied den zu erratenden Begriff und die Wörter (Tabuwörter), die bei der Umschreibung nicht genannt werden dürfen. Die Bestandteile des gesuchten Wortes dürfen auch nicht genannt werden (bei „Eisbär" darf beispielsweise weder „Eis" noch „Bär" gesagt werden). Die restlichen Mitspieler der Gruppe versuchen in einer festgelegten Zeit den Begriff zu erraten. Für jeden geratenen Begriff erhält die Gruppe einen Punkt. Die Gruppe mit den meisten Punkten ist Sieger. Wird ein Tabuwort genannt, muss der Spieler zum nächsten Begriff übergehen und ihm wird ein Punkt abgezogen. In einer abschließenden Runde werden die einzelnen Begriffe aus dem Themenbereich Kommunikation nochmals ausführlicher besprochen.

- Die Schüler erstellen in der ersten Arbeitsphase Tabu®-Karten mit Begriffen und nicht zu nennenden Wörtern.
- Die Anzahl der nicht zu nennenden Wörter wird auf 6–8 festgelegt. Das macht das Spiel noch schwieriger.

Die Spielregeln sollten vor Beginn des Spieles genau erläutert werden.

Kommunikations-Tabu®

✂

Kommunikation	Körpersprache	Vielredner
Gespräch	Gestik	sprechen
Rede	Mimik	abwürgen
Frage	Hände	stoppen
Worte	Bewegung	unterbrechen

Zuhören	Gespräch	WhatsApp
lauschen	reden	Chat
Aufmerksamkeit	Menschen	Gruppe
Nicken	Austausch	Nachrichten
Nachfragen	Dialog	Smartphone

Blickkontakt	Facebook	Vier-Ohren-Modell
Augen	liken	Beziehung
Personen	posten	Appell
Körpersprache	Nachrichten	Sachinhalt
Pupille	Profil	Selbstoffenbarung

Diskussion	Feedback	Lampenfieber
Gespräch	Rückmeldung	Aufregung
Thema	Wirkung	Nervosität
Austausch	Wahrnehmung	Prüfung
Argument	beschreiben	Zittern

überzeugen	schweigen	Gerücht
Argument	still	weitererzählen
Meinung	leise	lügen
Appell	Mund	Klatschtante
überreden	Lärm	Tratsch

Stimmklang	Füllwörter	Geheimnis
sprechen	Äh	verraten
rau	Ähm	Eingeweihter
Gefühl	Nachdenken	weitererzählen
Stimmung	flüssig	schweigen

Standpunkt	Konflikt	Small Talk
Meinung	Ärger	Wetter
Blickwinkel	Streit	Party
Ansicht vertreten	Problem	Plauderei
Position	klären	Alltag

A. Thömmes / R. Thömmes: Die schnelle Stunde Kommunikationstraining
© Auer Verlag – AAP Lehrerfachverlage GmbH, Donauwörth

Kommunikations-Tabu®

Gesprächspartner	Frage	Missverständnis
Gegenüber zuhören fragen reden	Antwort Auskunft stellen Warum	unklar klarstellen falsch Konflikt
Schlagfertigkeit	**Quasselstrippe**	**Bewerbungsgespräch**
Rhetorik einfallsreich Scharfsinn Wissen	Plappermaul viel Klatsch Tratsch	Job vorbereiten Aufregung Arbeit
Themawechsel	**Selbstgespräch**	**E-Mail**
langweilig Gesprächspartner Wissen Problem	alleine reden verrückt Monolog	Smartphone Internet Computer Nachricht
Argumente	**Talkshow**	**Streitgespräch**
Gespräch Diskussion Standpunkt Überzeugung	Fernsehen Moderator Gäste Diskussion	Kontroverse Schlagaustausch Auseinandersetzung Argumente
Debatte	**Monolog**	**Stimme**
Wortgefecht Streitgespräch Meinungen Diskussion	Selbstgespräch Dialog Ich Gedanken	Sprache Ausdruck Wörter Sätze
Wort	**Rhetorik**	**Interaktion**
Buchstaben Sätze Buch schreiben	Redekunst Kommunikation sprechen Redner	Kommunikation Gespräch reden Nachricht

Netzwerk

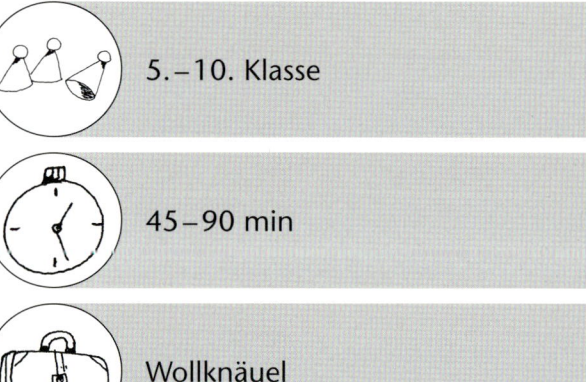

5.–10. Klasse

45–90 min

Wollknäuel

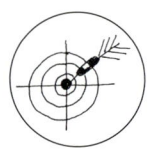

strukturierte und konzentrierte Kommunikation

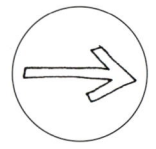

Wollknäuel bereitlegen

Gemeinsam einigt man sich auf ein Thema, das besprochen werden soll. Der Lehrer erläutert die Regeln des Spiels, bei dem ein Wollknäuel von Person zu Person geworfen wird. Der Lehrer formuliert eine These oder Frage zu dem festgelegten Thema und verbindet den ersten Wurf mit einer Frage. Der Fänger antwortet oder bezieht Position zu der Aussage und wirft den Wollknäuel zum Nächsten. So entsteht nach und nach ein Gespräch und die Wollfäden entwickeln sich zu einem Netz, das in der Mitte entsteht. Am Ende wird der Gesprächsverlauf reflektiert.

- Das Netz wird am Schluss wieder aufgelöst, indem jeder den Knäuel an den ehemaligen Werfer zurückwirft. Dabei wiederholt er dessen Gesprächsbeitrag. Dies verlangt große Konzentration und sollte daher vor Spielbeginn erläutert werden.
- Es werden mehrere Wollknäuel geworfen (Sprachchaos, das es zu ordnen gilt).
- Ein spielerischer Abschluss mit Spaßfaktor könnte das Einbeziehen eines großen Luftballons in das Netz bilden. Dabei wird der Ballon durch eine gemeinsame Hebebewegung in die Luft befördert.

Damit das Werfen in Ruhe und geordnet vollzogen werden kann, sollte der Werfer den Blickkontakt zu dem geplanten Empfänger suchen.

A. Thömmes / R. Thömmes: Die schnelle Stunde Kommunikationstraining
© Auer Verlag – AAP Lehrerfachverlage GmbH, Donauwörth

Rücken an Rücken

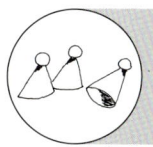
5.–10. Klasse

45 min

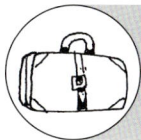
leere karierte Blätter, Stifte, Arbeitsblatt (Variante)

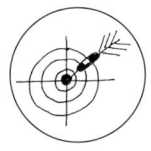
verständliches Sprechen

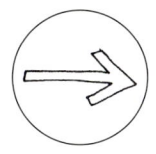
evtl. Arbeitsblatt kopieren

Die Schüler finden sich paarweise zusammen und setzen sich Rücken an Rücken.
Beide haben ein kariertes Blatt Papier vor sich liegen.
Schüler A malt auf sein Blatt einige geometrische Figuren.
Schüler A muss Schüler B nun beschreiben, was er gemalt hat.
Schüler B zeichnet mit.
Später vergleichen beide die Bilder (Stimmen sie überein? Wenn nein / ja, warum? Gab es Missverständnisse?).
Dann werden die Rollen getauscht.

Nun kann abschließend darüber gesprochen werden, was verständliches Sprechen ausmacht (damit der andere einen versteht).

- Der Lehrer teilt jedem Paar ein Bild in doppelter Ausführung aus (für Schüler A und B das gleiche Bild, z. B. Arbeitsblatt).
  Schüler A setzt nun 10 Kreuze in das Bild.
  Danach muss er Schüler B beschreiben, wohin er die Kreuze gesetzt hat.
  Schüler B zeichnet die Kreuze auf seinem Bild ein.
  Die Bilder werden verglichen und besprochen.

- Schüler A nimmt eine bestimmte Position ein und beschreibt sie Schüler B.
  Schüler B muss sich dann genauso hinsetzen.
  Hier wird eine dritte Person als Beobachter benötigt.

A. Thömmes / R. Thömmes: Die schnelle Stunde Kommunikationstraining
© Auer Verlag – AAP Lehrerfachverlage GmbH, Donauwörth

Schreibgespräch

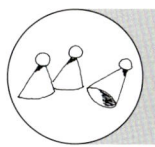 5.–10. Klasse

 45 min

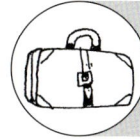 Plakate, bunte Stifte, Tische

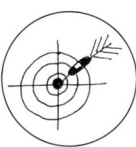
- konzentriert schreiben und lesen / hören und sprechen
- schreibend miteinander reden

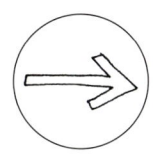 Plakate beschriften und auf den Tischen auslegen

Bei einem Schreibgespräch geschieht die Kommunikation mithilfe von Stiften und Plakaten, auf deren Mitte ein Satz bzw. eine Frage als Gesprächsanreger stehen. Gemeinsam einigt sich die Klasse auf ein Gesprächsthema. Dazu werden zwei bis vier Thesen oder Fragen formuliert. Die Plakate werden auf mehreren Tischen im Raum verteilt. Die Schüler können sich frei bewegen und sich an den verschiedenen Gesprächen beteiligen. Sie können Position beziehen, Fragen stellen, Emotionen äußern (Smileys) oder auf bestimmte Äußerungen antworten. Auf diese Weise soll ein lebendiges Gespräch entstehen, bei dem nicht gesprochen wird.

Nach einer festgelegten Zeit werden die Gesprächsplakate von allen in Ruhe betrachtet. In einer abschließenden Diskussion wird das Schreibgespräch reflektiert. Dabei wird der Schwerpunkt auf die Frage gelegt, welche Konsequenzen das Schreibgespräch für die gesprochene Kommunikation hat (z. B.: genau hinhören, gesagt ist gesagt, vor dem Reden denken).

- Es wird ein großes Plakat ausgelegt, auf dem ein Thema steht („Kommunikation ist …").
- Das Schreibgespräch wird in thematischen Gesprächsrunden auf Blättern geführt, die die Runde machen.

 Durch leise Musik im Hintergrund kann die Gesprächsatmosphäre gefördert werden.

Sprachchaos

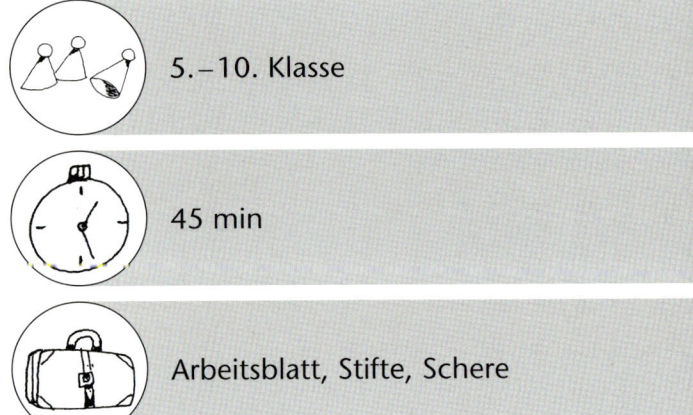

5.–10. Klasse

45 min

Arbeitsblatt, Stifte, Schere

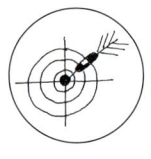

genaues Hinhören und konzentriertes Reden einüben

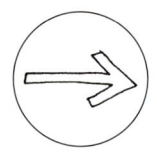

Arbeitsblatt kopieren und zerschneiden, eines als Lösungsblatt behalten

Das Arbeitsblatt wird so zerschnitten, dass jeder Schüler mehrere Wörter erhält. Alle Schüler stellen sich im Kreis auf und jeder sagt seine Wörter deutlich und laut. Dabei achten alle darauf, ob ihr Satzfetzen zu anderen passen könnte. Dazu können sie sich gegenseitig ansprechen und zusammenstellen. Nach ca. fünf Minuten erfolgt ein erstes Gespräch über das, was passiert ist (Wie habe ich mich bei dem Sprachchaos gefühlt? Habe ich andere gefunden, deren Satzfetzen zu meinem passen könnte?). In der nächsten Phase sollen die Schüler versuchen, systematisch den gesamten Text aufgrund der Einzeltexte zusammenzusetzen. Das Ergebnis wird mit dem Arbeitsblatt verglichen. In der letzten Unterrichtsphase besprechen alle, welche Konsequenzen die Übung und der Text haben könnten.

Mit einem zweiten Text wird die Übung stumm mit den Satzfetzen gemacht. Sie müssen mithilfe von Gesten und Hinweisen zusammengesetzt werden.

Die Schüler müssen den Textbaustein wegstecken, nachdem sie ihn gelesen haben.

A. Thömmes / R. Thömmes: Die schnelle Stunde Kommunikationstraining
© Auer Verlag – AAP Lehrerfachverlage GmbH, Donauwörth

Sprachchaos

Wenn wir miteinander sprechen, ist es wichtig, dass ich gut zuhören kann. Dazu konzentriere ich mich ganz auf das, was der andere sagt. Ich rede erst, wenn er fertig ist. Ich sollte ihn nach Möglichkeit nicht unterbrechen. Das heißt aber auch, dass ich nicht zu lange rede, damit der andere alles behalten kann, was ich sage. Bei einem guten Gespräch muss ich auch deutlich sprechen, damit jedes Wort verstanden wird. Auch die Laustärke spielt eine wichtige Rolle. Je mehr Menschen miteinander reden, umso komplizierter kann es werden. Vor allem in unserer Klasse sollten wir dies immer wieder einüben. Fangen wir jetzt damit an.

Geflügelte Worte, Sprichwörter und Redewendungen deuten

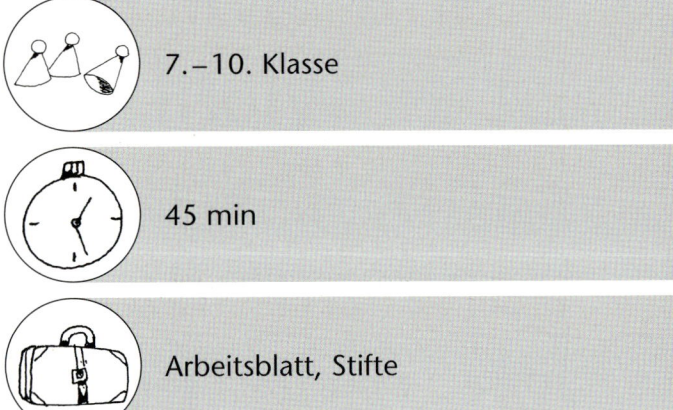

7.–10. Klasse

45 min

Arbeitsblatt, Stifte

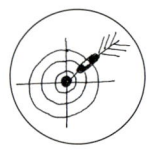

Kommunikation reflektieren

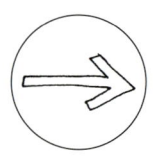

Arbeitsblatt kopieren

Die Schüler erhalten das Arbeitsblatt mit der Sammlung an geflügelten Worten, Sprichwörtern und Redewendungen und bilden Dreiergruppen. Jeder liest sich zunächst alle Texte durch. Die Gruppe einigt sich auf ein geflügeltes Wort / ein Sprichwort / eine Redewendung und unterhält sich darüber.

Gesprächsimpulse:
Was bedeutet das geflügelte Wort / das Sprichwort / die Redewendung?
Erinnere dich an eine Situation in deinem Leben, in der genau dieses geflügelte Wort / dieses Sprichwort / diese Redewendung zugetroffen hat.
Wie haben sich die Gesprächsteilnehmer dabei gefühlt?
Nach 15 Minuten stellen alle Gruppen ihr geflügeltes Wort / ihr Sprichwort / ihre Redewendung und ihre Ergebnisse aus der Gruppenarbeit vor.

Der Lehrer druckt die geflügelten Worte / Sprichwörter / Redewendungen groß aus (pro A4-Blatt ein Sprichwort) und legt sie aus.

A. Thömmes / R. Thömmes: Die schnelle Stunde Kommunikationstraining
© Auer Verlag – AAP Lehrerfachverlage GmbH, Donauwörth

Geflügelte Worte, Sprichwörter und Redewendungen deuten

1. Alles, was jemand über einen anderen aussagt, verrät in erster Linie etwas über den Sprecher selbst.

2. Wenn man nichts zu sagen hat, sollte man es auch lassen.

3. Wer nur redet, erfährt nichts über sich.

4. Sich den Mund fusselig reden

5. Die Menschen reden viel zu sehr übereinander, sie sollten besser miteinander reden.

6. Wer deutlich spricht, riskiert, verstanden zu werden. (Norbert Stoffel)

7. In der rechten Tonart kann man alles sagen. In der falschen nichts. (George Bernhard Shaw)

8. Den Mund zu voll nehmen

9. Der Mensch hat zwei Ohren und einen Mund, weil er mehr hören als reden soll. (Dänisches Sprichwort)

10. Stil ist die Fähigkeit, kompliziertere Dinge einfach zu sagen – nicht umgekehrt. (Jean Cocteau)

11. Als Kinder lernen wir sprechen, als Erwachsene sollten wir lernen zuzuhören.

12. Seine Ohren auf Durchzug stellen

13. Vorwürfe sind schlecht formulierte Wünsche. (Martin Haberzettl)

14. Zwei Monologe, die sich gegenseitig immer und immer wieder störend unterbrechen, nennt man eine Diskussion. (Charles Tschopp)

15. Es ist ganz in Ordnung zu sagen, was man will.

16. Das Schwierige am Diskutieren ist nicht, den eigenen Standpunkt zu verteidigen, sondern ihn zu kennen. (André Maurois)

17. Ein offenes Ohr für jemanden haben

18. Jemandem über den Mund fahren

19. Wie sprechen Menschen mit Menschen? Aneinander vorbei. (Kurt Tucholsky)

20. Reden, wie einem der Schnabel gewachsen ist

Tratschrunde

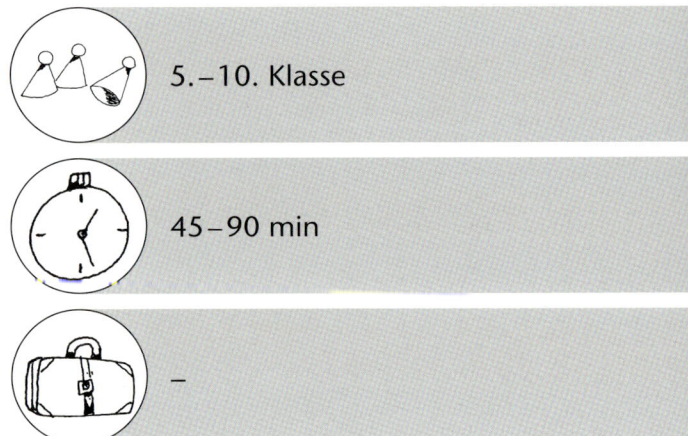

5.–10. Klasse

45–90 min

–

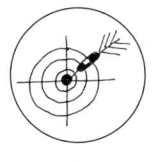

interessante und anregende Alltagsgespräche führen

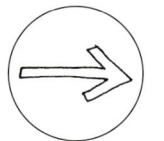

–

Viele Alltagsgespräche haben keine festen thematischen Vorgaben. Es wird über Gott und die Welt geredet und getratscht. Auch das kann gelernt werden. Dabei werden auch Klischees und Vorurteile gepflegt und Themen und Menschen sehr einseitig bewertet. Die Schüler simulieren eine solche Tratschrunde, in der die Wahrheit nicht immer oberstes Prinzip ist. Sie suchen zunächst ein Thema, das sich dafür gut eignet. Zwei Schüler beginnen mit dem Gespräch („Hast du schon gehört …?!"). Nach einigen Minuten kommt ein dritter Schüler dazu, der einbezogen wird, aber auch neue Aspekte einbringen kann. So wird die Tratschrunde immer größer oder es entstehen neue Untergruppen. Es gibt aber auch Gesprächsteilnehmer, die gegensätzliche Argumente einbringen.
Im Anschluss an das Spiel werden die gemachten Erfahrungen reflektiert (Wie können Alltagsgespräche ohne Klischees und Vorurteile gelingen? Worauf muss ich als Gesprächsteilnehmer achten?).

Wenn das Gespräch abflacht, wird ein Joker eingesetzt, der eine überraschende und ungewöhnliche Neuigkeit zum Thema vorträgt, was natürlich viel Raum für neue Spekulationen bietet.

Auch das Thema Gerüchte kann bei dieser Übung eine wichtige Rolle spielen (Wie gehe ich souverän mit Gerüchten und deren Urhebern und Verbreitern um?).

A. Thömmes / R. Thömmes: Die schnelle Stunde Kommunikationstraining
© Auer Verlag – AAP Lehrerfachverlage GmbH, Donauwörth

Träumer – Pessimist – Realist

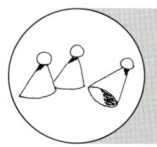
8.–10. Klasse

45–90 min

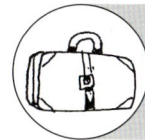
Arbeitsblatt mit Rollenkarten,
Tesa / Kreppband, Schere

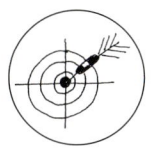
sich spielerisch in unterschiedliche Gesprächsrollen hineinversetzen

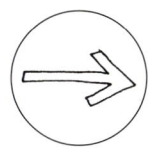
Arbeitsblatt kopieren und Rollenkarten ausschneiden

Bei einer Gesprächsrunde nehmen die Teilnehmer unterschiedliche Positionen ein, die vorgegeben sind (z. B. Träumer, Mitläufer, Optimist, Schwarz-Weiß-Denker, Nörgler, Realist, Kritiker). Dazu wird zunächst gemeinsam ein Gesprächsthema ausgewählt. Anschließend werden drei bis fünf verschiedene Rollen festgelegt, die die Gesprächsteilnehmer einnehmen sollen. Dazu gibt es Rollenkarten, die sichtbar vor der Person angebracht werden. Nun diskutieren die Teilnehmer das vorgegebene Thema und versetzen sich dabei in ihre jeweilige Rolle.
Die einzelnen Rollen können ausgetauscht und von freiwilligen Teilnehmern besetzt werden.

Bei der Reflexion stehen folgende Fragen im Mittelpunkt:

* Wie habe ich mich in der Rolle gefühlt?
* Konnte ich durch meine Argumentation den Gesprächsverlauf beeinflussen?

Die einzelnen Rollen werden den Gesprächsteilnehmern vorher gezeigt, ohne das Publikum darüber zu informieren.

Die Rollenkarten können mit Kreppband sichtbar am Körper befestigt werden.

Träumer – Pessimist – Realist

✂

Alleswisser	Friedfertiger	Realist
Angsthase	Idiot	Pessimist
Auslacher	Kritiker	Schönredner
Außenseiter	Seelsorger	Clown
Fettnäpfchen-treter	Lebens-künstler	Schwarzmaler
Mitfühlender	Spezialist	Dankesager
Mitläufer	Suchender	Denker
Nachfrager	Träumer	Neinsager
Drumrum-reder	Unzufriedener	Verharmloser
Einfallsreicher	Weltver-besserer	Nörgler
Perfektionist	Fantasierer	Optimist

A. Thömmes / R. Thömmes: Die schnelle Stunde Kommunikationstraining
© Auer Verlag – AAP Lehrerfachverlage GmbH, Donauwörth

Tür und Schlüssel

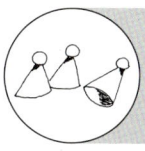
7.–10. Klasse

45 min

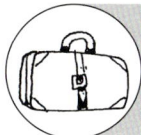
Arbeitsblatt, Schere

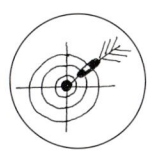

- achtsam miteinander sprechen
- genau hinhören, was der andere sagt
- sich in eine Rolle hineinversetzen

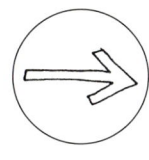

Arbeitsblatt kopieren und Karten ausschneiden

Zwei Schüler sitzen einander gegenüber und führen ein Gespräch. Allerdings sind sie nicht sie selbst, sondern schlüpfen in die Rolle von Gegenständen, die vom Lehrer vorgegeben werden (Messer und Gabel, linker Schuh und rechter Schuh usw.). Der Lehrer zeigt den Gesprächspartnern die Karte mit ihrer Rolle. Dann kann das Gespräch beginnen. Gesprochen wird in der Ich-Form.

Reflexionsfragen:

- Wie habe ich mich in der Rolle gefühlt?
- Was habe ich von meinem Gesprächspartner erfahren?
- Was machte das Gespräch schwierig?
- Wo fühlte ich mich wohl?
- Was bedeutet das für mein alltägliches Gesprächsverhalten?
- Worauf sollte ich mehr achten?

- Die Schüler suchen vor Beginn des Spieles Gegensatzpaare.
- Es werden mehrere Gesprächsrunden mit unterschiedlichen Rollen und Gesprächspartnern durchgeführt.

Die Gespräche können aufgrund der Gegensatzpaare neben dem Lerneffekt auch viel Spaß bereiten. Das ist gewollt!

Tür und Schlüssel

Messer	Gabel
Linker Schuh	Rechter Schuh
Mikrofon	Mikrofonständer
Zifferblatt einer Uhr	Zeiger einer Uhr
Baumwurzel	Blatt
Regenwurm	Gänseblümchen
Scheibenwischer Fahrerseite	Scheibenwischer Beifahrerseite
Tür	Schlüssel
Hammer	Nagel
Kreide	Tafel
Hund	Hundeleine
Tastatur	Smartphone

A. Thömmes / R. Thömmes: Die schnelle Stunde Kommunikationstraining
© Auer Verlag – AAP Lehrerfachverlage GmbH, Donauwörth

Verkehrte Welt

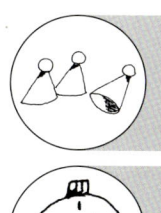
7.–10. Klasse

45 min

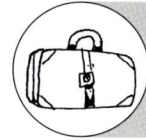
Arbeitsblatt, Stifte

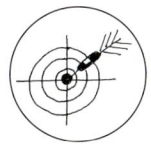
über gelungene Kommunikation / Gespräche nachdenken

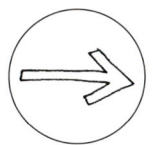
Arbeitsblatt kopieren

Die Schüler bilden Zweiergruppen und setzen sich gegenüber. Einer ist A, der andere B.
Der Lehrer gibt nun bestimmte Anweisungen, wie die Schüler miteinander sprechen sollen
(Dauer: ca. 30–60 Sekunden).

Anweisungen:
- A spricht, B schaut weg (in der Gegend herum).
- B spricht, A schaut weg (in der Gegend herum).
- A spricht, schaut aber weg, B schaut A aber an.
- B spricht, schaut aber weg, A schaut B aber an.
- A spricht, B sagt immer JA.
- B spricht, A sagt immer JA.
- A + B sprechen gleichzeitig.

Die Schüler setzen sich zu viert zusammen:
- Alle versuchen, das Rederecht zu bekommen.
- Alle bemühen sich, dass jeder zu Wort kommt (gleiches Rederecht für alle).

Anschließend reflektieren die Schüler Ihre Erfahrungen mit den Gesprächssituationen, indem sie das
Arbeitsblatt ausfüllen.

Am Schluss wird gemeinsam eine Liste erstellt, auf der festgehalten wird, was für die Schüler zu einem gelingenden Gespräch gehört bzw. wann sich die Schüler in einem Gespräch wohlfühlen.
Folgendes könnte auf der Liste stehen:

- Wertschätzung
- gegenseitige Achtung und Akzeptanz
- Freundlichkeit
- den Gesprächspartner ausreden lassen
- Zuhören
- Blickkontakt
- Interesse zeigen
- sich nicht im Ton vergreifen

 Während der Übung soll nicht über die Übung selbst gesprochen werden (also eine Art Auswertung stattfinden). Der Lehrer gibt immer ein klares Start- und Stoppzeichen. Worüber gesprochen wird, ist im Grunde genommen egal (Hobby, letztes Wochenende, Urlaub, Musik, …). Falls die freie Themenwahl den Schülern aber zu schwer fällt, kann der Lehrer vorher ein Thema festlegen.

A. Thömmes / R. Thömmes: Die schnelle Stunde Kommunikationstraining
© Auer Verlag – AAP Lehrerfachverlage GmbH, Donauwörth

Verkehrte Welt

Was war für mich besonders schwer umzusetzen?

_____

_____

_____

_____

Wie habe ich mich in der jeweiligen Rolle gefühlt (mal als Zuhörer, mal als Sprecher)?

_____

_____

_____

_____

_____

Sind dir ähnliche Situationen schon einmal im Alltag begegnet?

_____

_____

_____

_____

Was ist wichtig für ein gelingendes Gespräch?

_____

_____

_____

_____

Vier Seiten einer Nachricht

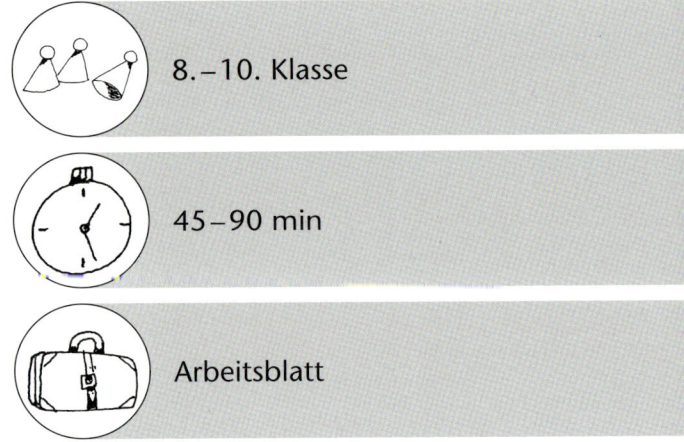

8.–10. Klasse

45–90 min

Arbeitsblatt

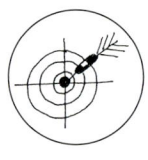

verschiedene Aspekte und Botschaften einer Nachricht erkennen

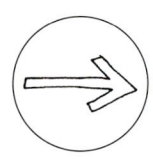

Arbeitsblatt kopieren

Der Lehrer bespricht mit der Klasse das Kommunikationsmodell von Friedemann Schulz von Thun mit einem Beispiel (Arbeitsblatt).

Die Schüler sammeln Beispiele für Aussagen, die sie aus ihrem Alltag kennen (von Eltern, Lehrern, Freunden etc.). Die Beispiele werden für alle sichtbar aufgeschrieben.

Beispiele:

- Mutter zu Sohn: „Dein Zimmer ist mal wieder ein ganz schöner Schweinestall."
- Vater zu Tochter: „Wie war's denn in der Schule?"
- Lehrer zu Schülern: „Und denkt daran, eure Hausaufgaben zu machen!"

Es werden Kleingruppen gebildet. Jede Gruppe beschäftigt sich mit einem Beispiel und denkt sich für die jeweilige Aussage vier Antworten aus: Wie könnte die Antwort lauten, wenn die Aussage auf dem Beziehungsohr wahrgenommen wurde, wie, wenn sie auf dem Appellohr wahrgenommen wurde usw.

Eine Kleingruppe beginnt, stellt sich in die Mitte des Raumes und nennt eine Antwort (mit Betonungen). Die Großgruppe muss raten, um welche Ebene es sich handelt.

A. Thömmes / R. Thömmes, Die schnelle Stunde Kommunikationstraining
© Auer Verlag – AAP Lehrerfachverlag GmbH, Donauwörth

Vier Seiten einer Nachricht

Der Grundvorgang von Kommunikation ist schnell beschrieben: Ein Sender übermittelt einem Empfänger eine Nachricht. Diese Nachricht muss vom Empfänger entschlüsselt werden, damit er sie verstehen kann. Dass dies aber nicht immer so einfach ist, erfahren wir tagtäglich in der Familie, in der Schule oder im Umgang mit Freunden.

Jede Nachricht, die ein Sender von sich gibt, enthält nämlich (nach Friedemann Schulz von Thun) vier Botschaften:

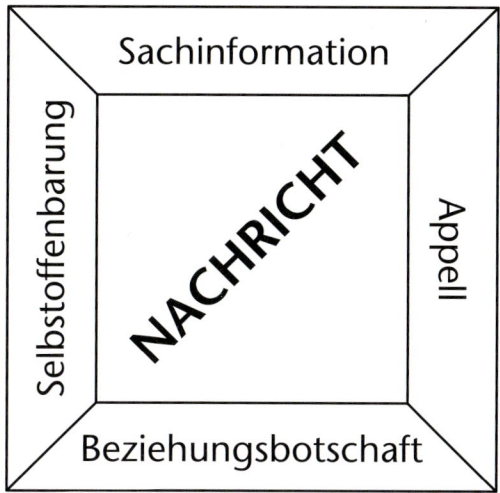

- eine Sachinformation: worüber ich informiere (inhaltliche Aussage)
- eine Selbstoffenbarung: was ich von mir zu erkennen gebe („Ich bin …")
- einen Beziehungsbotschaft: was ich von dir halte und wie ich zu dir stehe („Ich halte dich / uns für …")
- einen Appell: was ich bei dir erreichen möchte („Ich will, dass du …")

Auf der anderen Seite hört der Empfänger mit verschiedenen Ohren, d. h. er nimmt die vier Seiten einer Nachricht unterschiedlich wahr.

Beispiel:
Der Schüler kommt zu spät. Der Lehrer sagt: „Schön, dass du da bist!"
Der Schüler kann verstehen:
Sachinformation: „Du bist fünf Minuten zu spät."
Selbstoffenbarung: „Ich freue mich immer, wenn du am Unterricht teilnimmst."
Beziehungsbotschaft: „Du kommst immer zu spät, um mich zu provozieren!"
Appell: „Sei bitte pünktlich!"

Kommunikation ist deshalb oft schwierig, weil die gesendete und die empfangene Botschaft nicht übereinstimmen, wenn also z. B. der Sachinhalt mit dem „Beziehungsohr" empfangen wird. Wichtig ist deshalb, alle vier Seiten wahrzunehmen und nachzufragen, wenn etwas unklar ist und nicht verstanden wird.

Virtuelle Gespräche

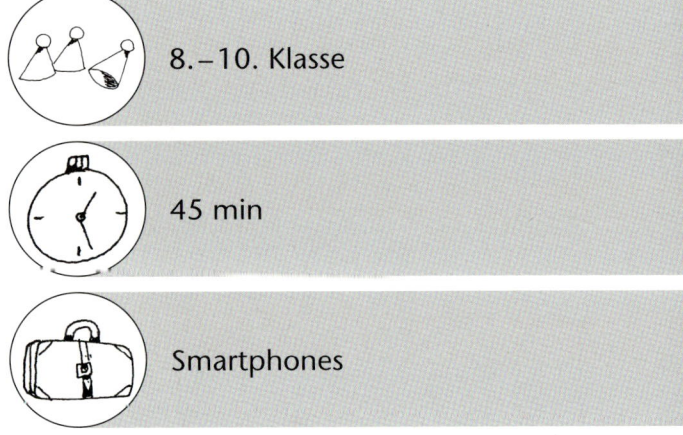

8.–10. Klasse

45 min

Smartphones

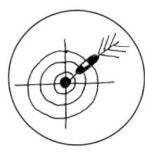

- sinnvolle Nutzung moderner Medien als Kommunikationsmittel
- erkennen, dass durch schriftliche Kommunikation „Kommunikationskanäle" wegfallen und Missverständnisse entstehen können

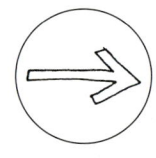

–

Die Schüler bilden mehrere Gruppen, in denen jeweils ein Smartphone mit Internetzugang zur Verfügung steht. Es wird eine virtuelle Gruppe mithilfe einer Nachrichten-App oder in einem sozialen Netzwerk gegründet. Dazu werden die Zugangsdaten ausgetauscht, sodass jede Gruppe Mitglied ist. Es wird ein Thema gewählt, über das sich die teilnehmenden Gruppen austauschen sollen. Es ist darauf zu achten, dass die Nachrichten in einer Sprache geschrieben werden, die orthografisch und grammatisch korrekt ist. Der gesamte Gesprächsverlauf wird nach Beendigung des Gesprächs von jeder Gruppe kritisch bewertet und es werden jeweils zwei Regeln formuliert. Abschließend werden die Erfahrungen im Plenum ausgetauscht.

Noch effektiver wird diese Übung, wenn sich die Gruppen in unterschiedlichen Räumen aufhalten.

Es ist bereichernd, das Smartphone mit seinen vielfältigen Möglichkeiten im Unterricht zu nutzen. Hier sollten eventuelle Berührungsängste vonseiten des Lehrpersonals abgebaut werden.

A. Thömmes / R. Thömmes: Die schnelle Stunde Kommunikationstraining
© Auer Verlag – AAP Lehrerfachverlage GmbH, Donauwörth